El Houari Slimi

Warum lernst du kein Deutsch ?!

Ein Gespräch zwischen Vater und Sohn
Der Vater kam als Gastarbeiter nach
Deutschland. Der Sohn wurde in
Deutschland geboren. Höflich aber
engagiert versucht der Sohn seinen
Vater davon zu überzeugen Deutsch
sprechen zu lernen. Ohne die deutsche
Sprache kann seiner Meinung nach
Integration nicht gelingen. Der Vater
erklärt seinem Sohn, dass es für ihn sehr
schwer ist die deutsche Sprache zu
lernen. Seine Muttersprache sei fest in
„seinem Inneren" und bestimmt sein
Denken und Fühlen. Die Dialoge
wechseln zwischen humorvoll,
Augenzwinkern und dem notwendigen
Ernst des Themas. Durch soziologische
und sprachwissenschaftliche
Erkenntnisse, mit einem Papagei
versucht der Sohn den Vater von der
Notwendigkeit des Lernens auch im
Alter zu überzeugen....

1. Vorschau

Der Vater sagte zu seinem Sohn: „Ich gehe heute früher schlafen, um morgen früh aufstehen zu können und nach einer zusätzlichen Arbeit zu suchen, damit ich dir deine Wünsche erfüllen kann.“

Der Sohn sagte zu seinem Vater: „Du hast mir – mein lieber Papa – versprochen, am Sonntag in den Zoo zu gehen. Denn dieser Tag ist zum ausruhen und um etwas Schönes zu unternehmen da. Ich möchte gerne sehen, wie der Schimpanse mit seinen Kindern spielt und die Papageien stimme hören. Ich will erleben, wie der Papagei die Wörter, die er ja hört, wiederholt. Und ich möchte die verschiedenen Blumen riechen, die um die Tiere stehen, damit ich abends meiner Mutter erzählen kann, was für einen Ausflug wir gemacht haben und ich schreibe dieses Erlebnis auf. Damit es in Erinnerung bleibt."

Der Vater: „Ja, mein lieber Sohn, ich habe es dir versprochen, nur leider benötigt die Suche nach Arbeit viel Zeit. Das ist sehr stressig, besonders für einen Ausländer, da ich kein Deutsch sprechen kann. Ich habe keine Zeit, außer am Ende der Woche."

Der Sohn: „Ich habe eine Reportage über das Leben der Affen gesehen. Da wurde erwähnt, dass die Schimpansen, die schlausten Lebewesen, nach dem Menschen sind. Sie können lernen. Ich habe in einer wissenschaftlichen Zeitschrift gelesen, dass ein Papagei 100 Wörter auswendig lernen kann – wie die Psychologen gesagt haben und

warum lernst du nicht die deutsche
Sprache?"

Vater: „Morgen nach dem Mittagessen
kann ich dir deine Frage beantworten."

Sohn: „Ok, ich warte bis morgen auf
deine
Antwort."

2. Vorschau

Sohn: „Beantworte meine Frage, wie du mir versprochen hast: Warum lernst du kein Deutsch?"

Vater: „Ich mag Deutsch, so wie ich meine Muttersprache mag, aber leider habe ich keine Zeit."

Sohn: „Womit verbringst du deine Zeit, so dass du keine Zeit zum Lernen hast?"

Vater: „In der Firma, um dich und deine Geschwister ernähren zu können. Dann verbringe ich den Rest meiner Zeit damit, mich um euch zu kümmern. Dann suche ich mir eine zusätzliche Arbeit, da mein Lohn leider nicht ausreicht."

Sohn: „Warum kannst du nicht einfach

deine Zeit gut organisieren, um Deutsch
zu lernen?“

Vater: „Um sie besser organisieren zu
können, benötigte ich mehr Zeit, als der
Tag hat. Aber das ist leider unmöglich.
Ich kann ja nicht die Zeit beeinflussen.“

Der Sohn: „Aber versuch bitte die
deutsche Sprache, während des
Laufens, nutze die Zeit während der
Fahrt um zu lernen, dann kannst du in
diese Gesellschaft integrieren.“

Der Vater: „Ich habe es mehrmals
versucht, es ist mühsam und schwer,
nicht nur wegen meines Alters, sondern
auch die Sorge um meine
Aufenthaltsgenehmigung ist ein
Hindernis.“

Der Sohn: „Auch wenn man alt ist,

kann man lernen. Man lernt, solange
man lebt.“

Szene 3

Der Vater: „Hast du Maltus
Wirtschaftstheorie gelesen?"

Der Sohn: „Ja!"

Der Vater: „Was sagt er?"

Der Sohn: „Er sagt, die Zahl der
Einwohner steigt architektonisch, wobei
die Produktion der Lebensmittel
mathematisch steigt, das ist nicht
geeignet."

Der Vater: „Ich glaube nicht an diese
Theorie, aber die Art der Analyse ist
akzeptabel. Ich lerne auf eine
mathematische Weise, weil ich alt bin.
Du lernst auf eine architektonische
Weise. Das Lernen im jungen Alter ist
wie eine eingravierende Schrift,

während das Lernen im Alter sich
anfühlt, als ob man in den Sand
schreibt, wenn der Wind der
materialistischen Probleme weht und
der Sturm der Bürokratie losbricht, wird
das Gelernte verwischt."

Der Sohn: „Versuch dich zu
konzentrieren! Suche nach geeigneter
Zeit! Lerne auch auf eine
mathematische Weise. Vergiss nicht, das
Vitamin B, E, Jod und Eisen helfen, das
Gedächtnis fit zu halten."

Der Vater: „Das Lernen braucht Zeit,
die ich nicht habe. Ich muss die
Erwartungen meiner Frau erfüllen, ich
muss mich ständig um meine Kinder
kümmern. Vergiss bitte nicht mein altes
Gehirn, das voller Probleme ist, es
gleicht einer Festplatte, im Computer,
die voll gespeichert ist, um neue

Informationen zu speichern, soll man alte Informationen löschen. Ich bin ein Mensch und keine Maschine, mich verbinden Gefühle, mit den alten Informationen und Erfahrungen, seit Jahren bevor ich hierher gekommen bin. Ich kann nicht mein Gehirn waschen, weil die Zellen weniger und schwächer geworden sind. Du kannst nicht eine verwelkte Blume oder einen alten Baum mit viel Wasser wieder blühen lassen, weil sie nur so viel Wasser aufnehmen, wie sie brauchen. Der alte Mensch schläft und ernährt sich, mit so viel, was er braucht, im Gegensatz zu dem Jungen, der sich viel bewegt, viel isst und viel schläft. Dieser lernt schneller, er kann auch mehrere Sprachen lernen."

Der Sohn: „Ich habe dich verstanden, ich bin aber nicht hundertprozentig überzeugt."

Szene 4

Der Vater: „Hast du die
Entwicklungstheorie von Darwin
gelesen?"

Der Sohn: „Ja! Was möchtest du von
der Theorie wissen?"

Der Vater: „Was sagt er?"

Der Sohn: „Er sagt, ist ein Baumstamm
erst einmal entwickelt, ändert er sich
nur noch sehr langsam, aber die Äste
entwickeln sich mit der Zeit schneller."

Der Vater: „Ich bin der Stamm, meine
Kinder sind die Äste, die sich sehr gut
in der Gesellschaft entwickelt haben, sie
haben die Bereitschaft sich in allen
Bereichen der Gesellschaft zu
integrieren. Die Gesellschaft spielt eine

große Rolle in der Entwicklung. Hast du mich verstanden? Bist du jetzt überzeugt?"

Der Sohn: „Ja, mein weiser Vater!"

Der Vater: „Vergiss nicht, dass ich immer noch um die Stabilisierung meiner Situation und die Sicherung meiner Existenz in dem neuen System dieser Gesellschaft kämpfe, wie es meine Kräfte zu lassen. Da ich an meinen Aufenthalt und die Verbesserung meiner Lebenssituation denke. Ich existiere mit Kraft, erst wenn meine Situation sich stabilisiert, dann existiere ich wirklich in dieser Gesellschaft."

VIELFALT
BEWEGT
FRANKFURT
VIEL ERLEBEN.
VIEL BEWEGEN.
Viel
zuhören.
Mehr
mitreden.
Viel
Miteinander.
Mehr
Füreinander.
www.
vielfalt-bewegt-
frankfurt.de
Amt für interkulturelle Angelegenheiten
stadt-fra

Szene 5

Der Vater: „Wie könnte ich diese
Sprache lernen und ich bin bedrohlich."

Der Sohn: „Du lebst in einem freien und
demokratischen Land. Wie kannst du
dich bedrohlich fühlen?"

Der Vater: „Erstens, ich fühle mich
fremd, weil ich wie ein Virus in einem
gesunden Körper bin und die Antikörper
verstoße. Die diese neue charakterliche
Sorte nicht kennen, bis sie sich in dieses
System integrieren und die Anpassung
bewirken."

Der Sohn: „Mein Vater! Ihre Sprache ist
die einzige Tablette, die du einnimmst,
so dass sie dich fähig macht und deine
unbekannte Existenz transformiert, in
ein lebendiges Glied. Sie fließt durch

die Wehnen, dieser Gesellschaft, sowie
die Zutaten der Medikamente in den
Körper. Weil die Gesellschaft eine neue
Ernährung braucht, welche sich mit
Schwung und Kraft vermehrt!"

Der Vater: „Zweitens, fühle ich mich
unsicher, trotz
dem ich hier alles zum Leben habe. Der
Mensch fühlt sich nicht gut , sodass er
nichts lernen kann, weil er andauernd an
seinen behördlichen Papierkram denkt.
Diese Sachen stören ihn und nehmen
ihm eine große Gedankenfläche weg,
also ist es bedrohlich für seine offizielle
Existenz. Dies ist ein Anteil seiner
körperlichen Anwesenheit , in dieser
Gesellschaft. Es ist so wie ein Hase, der
seine Karotten vorsichtig frisst, weil die
Falle neben ihm steht und er beinahe
rein tappt. Er muss also vorsichtig
essen, damit er nicht von der Falle

ergriffen wird. Ein arabischer
Sozialwissenschaftler , namens Ibnou
Khaldoun meinte, der Lernende, lernt
nur dann, wenn er das Gefühl der Kraft
und einen ruhigen Kopf hat."

Der Sohn: „Könntest du mir das bitte
mehr erklären, damit ich mich von dem
Gesagten überzeugen kann?"

Der Vater: „Im 20. Jahrhundert
versuchten sich amerikanische
Wissenschaftler in einem Experiment
über das Spüren des ängstlichen
Gefühls in der Verdauung. Sie haben
eine Gruppe von Katzen in einen
ruhigen Raum gebracht und stellten das
Essen ohne Provokation hinein. Eine
andere Gruppe von Katzen, brachten sie
in einen unpassenden Raum und stellten
das gleiche Essen, zur gleichen
Zeit rein, aber sie haben die Katzen

während des Essens von Zeit zu Zeit immer wieder mit Strom provoziert."

Der Sohn: „Was passierte danach?"

Der Vater: „Nach dem die Katzen, das Essen gefressen haben, untersuchten Tierärzte ihre Magen und das Ergebnis von der zweiten Gruppe, der Katze war, dass die Magen verkrampft und zusammengezogen waren. Ihr Essen war nicht gut verdaut, im Gegenteil zur ersten Gruppe."

Der Sohn: „Was noch?"

Der Vater: „In dem Moment begriffen die Wissenschaftler, dass die Sicherheit wichtig für das Leben ist. Ein sicheres Leben, ist die Säule des Lebens. Früher meinte Avicenna, die psychische Spannung beeinträchtigt die Verdauung.

Seit dem besteht die UNICEF darauf, dass ein ruhiges Essen für den Menschen sicher zum Leben ist."

Der Sohn: „Also, lebten die zweiten Katzen in einem terroristischen Zustand."

Der Vater: „Natürlich, deshalb nahmen die Länder wahr, dass der Terror zur Zeit, die Stabilisierung der Länder bedroht. Außerdem gibt er dir keinen Anlass die Zivilisation weiter zu bringen."

Der Sohn: „Aber was hat das mit dir zu tun?"

Der Vater: „Ich habe dir dies erzählt, damit du weißt, dass ich einen behördlichen Terrorzustand lebe und deshalb konnte ich die Sprachlektionen

nicht gut verdauen, weil der Magen des
Gehirns auf Grund der behördlichen
Provokation schrumpft. Ein Briefkasten
ist wie ein Magen, weil ihre Botschaft
in meinem Gehirn eine Spur vom
Stromschock hinterlässt."

Szene 6

Der Sohn: „Hast du die
Erziehungstheorie vom Physiologen
Iwan Pawlow gelesen?"

Der Vater: „Ja, aber ich weiß wenig
davon."

Der Sohn: „Was hat dieser russische
Wissenschaftler gemacht, dass er auf
diese Theorie zugreifen konnte?"

Der Vater: „Pawlow hat gesehen, dass
sich das Verhalten des Hundes ändert,
wenn er Essen hingestellt bekommt.
Er sagte: Das Essen stimuliert und die
Spucke ist eine natürliche
physiologische Antwort. Und er sagte
sich, ich muss seine Spucke, ohne Essen
ändern können, in der Hoffnung, dass
seine Antwort immer die gleiche

bleibt.“

Der Sohn: „Was hat er gemacht? Kannst du mir eine kurze, erklärende Zusammenfassung nennen?“

Der Vater: „Er klingelte mit der Glocke, bevor er dem Hund, das Essen um 12.10 Uhr gibt. Er hat dieses Experiment alle paar Tage wiederholt, bis er sich an diese physiologische Bedingung gewöhnt hat, dann hat er das Essen weg gelassen, hat aber die Glocke weiter klingen lassen.“

Der Sohn: „Was ist passiert?“

Der Vater: „Die Spucke des Hundes, hat sich nur geändert, wenn er die Glocke gehört hat.“

Der Sohn: „Papa, du kannst auch auf

diese Art lernen.“

Der Vater: „Wie könnte das möglich sein?“

Der Sohn: „Dein Essen, ist deine Muttersprache und das Klingen der Glocken, ist die neue Sprache. Es wird ein Satz in deiner Sprache präsentiert und dieser in einer anderen Sprache gesagt, bis du dich psychisch dran gewöhnst, dann lässt du deine Muttersprache bei Seite und lernst eine andere für dich neue Sprache. Was denkst du?“

Der Vater: „Dankeschön, mein Junge. Meinst du die Übersetzung des Satzes? Aber der Hund von Pawlow , hat wie lange das Klingen der Glocke gehört? Und hat sich seine Spucke öfter geändert?

Ist er satt geworden, vom Klingen der
Glocke?"

Der Junge: „Hauptsache ist, dass die
Spucke sich verändert hat, dies geschah
nach dem Klingen der Glocke, sowie
sich sein Anblick beim sehen des
Essens geändert hat. Es könnte möglich
sein, dass du auch einen Appetit hast,
der dir das Lernen ermöglicht. Du hörst
neue Klänge, der neuen Sprache, als
wäre es wie deine alte Sprache."

Der Vater: „Meine Muttersprache ist
nicht alt, doch sie ist lebendig und
gehört zu meiner Existenz und meinem
Gefühl."

Der Sohn: „Ich meinte deine
Muttersprache , sie braucht neues
Wasser, damit ihre Wurzeln wachsen,
sowie ein Koch immer wieder

verschiedenes essen macht, aber jedes mal mit einem neuen Geschmack, damit er ein neues Gericht erstellen kann und damit Kunden gewinnt."

Der Vater: „Ändert sich seine Spucke?"

Der Sohn: „Natürlich, so wie sich der Geruch des Essens verändert. Es ist nicht wie bei dem Hund, der bei Essen und Trinken beginnt zu hecheln. Der Koch hört Musik, statt dem Klingen der Glocke."

Der Vater: „Fängst du an mit mir Spaß zu machen, mein Junge?"

Der Sohn: „Nein, ich will dich darauf aufmerksam machen, dass der Mensch das Lernen und die Musik braucht. So wie er auch das Essen jeden Tag braucht, weil er ein sprechendes

Lebewesen und kein hechelnder Hund ist.“

Der Vater: „Gut, aber dass ist nicht die einzige Theorie zum Lernen, weil der Mensch einen trocknen Mund bekommt, weil er keine Spucke mehr hat. Er könnte auch krank werden von den Zutaten die, die Spucke enthält und könnte auch einen idiotischen Geschmack bekommen und nicht zu Gunsten aller Menschen sein. Gibt es eine andere Theorie auf die wir uns verlassen können? Und gibt es andere einfachere Systeme eine neue Sprache von vielen zu Lernen?“

Der Sohn: „Ja, mein lieber Papa.“

Der Vater: „Welche?“

Szene 7

Der Sohn: „Was denkst du, wie sich die deutsche Sprache in einer Textform und im Dialog präsentiert? Sie beschreibt deine Person, Tradition , Kultur direkt mit klaren Bildern.“

Der Vater: „Was meinst du damit?“

Der Sohn: „Deutsche Methode und Inhalt deiner Bildung, sodass du für jemanden der in einen Klamotten laden geht und sich dort seine alten Klamotten auszieht und neue anzieht, gehalten wirst. Oder wie jemand, der hungrig ist. Dieser isst sein Essen auf einem deutschen Teller.“

Der Vater: „Jede Sprache, der Weltsprachen hat eine Bildung und seine Umwelt. Wie könnte ich mich in dieser Gesellschaft anpassen, mit diesen verschiedenen Charakteren und unterschiedlichen Kulturen?"

Der Sohn: „Das ist richtig! Aber du lebst schon in einer neuen Gesellschaft. An diese musst du dich anpassen, damit du dich in ihr integrieren und leben kannst. Ansonsten wirst du wie ein nutzloses Unkraut im Garten oder in der Landschaft stehen!"

Der Vater: „Da hast du recht, aber diese Erde will solche Einpflanzungen nicht, dass sie für mich aufgeschlossen ist, damit ich mich einfacher selbst einpflanzen kann, weil sie einen Spezialdünger braucht, damit sie andere Einpflanzungen erträgt."

Der Sohn: „Ich verstehe nicht, was du ganz genau meinst, mein lieber Papa."

Der Vater: „Könnte die Wermut oder
eine Thymiansorte in einem kalten Land
wachsen?“

Der Sohn: „Wir bereiten für sie einen
passenden Brustkasten vor, damit wir
sie in ein passendes Klima stellen
können.... Weißt du nicht, dass der
Thymian von dem echten Thymian
abstammt?
Früher, gab es solche nicht in Europa
und jetzt sind sie durch Wissen und
Experimente gefunden worden. Deine
Bildung könnte mit einer anderen
Bildung befruchtet sein und dann
entsteht eine doppelte Bildung. Am
Ende entwickelt sich deine Sprache und
die Sprache der Gesellschaft selbst ; wie
Milchkaffee, aber es ist keine Milch und
kein Kaffee, oder wie eine graue Farbe,
sie ist nicht weiß und nicht schwarz.
Aber es hat sich im Rahmen der Farben

vermehrt und gibt eine Schönheit, sowie diese Kultur, der Zivilisation neue Schönheit dazugibt."

Der Vater: „Das ist eine intelligente Antwort, aber sie braucht noch mehr Erklärung."

Der Sohn: „Die amerikanische Zivilisation, ist ein Gemisch aus verschiedenen Nationen und Völkern..... deshalb hat sich ihre Kultur und Sprache entwickelt. So ist es für sie einfacher zu Kommunizieren und zirkuliert zu Handeln, anders als bei den anderen Sprachen der Welt."

Der Vater: „Das ist ein richtiger Beweis, aber nicht einschlagend, da das Fantasieelement fehlt."

Der Sohn: „Wäre keine Fantasie

vorhanden, dann gäbe es doch keine Erfindungen. Die meisten Erfinder, sind Amerikaner.“

Der Vater: „Das ist richtig, aber die Erfinder sind aus verschiedenen Ländern gekommen, meistens aus Europa.“

Der Sohn: „Du wirst an meiner Seite stehen, ohne das du es merkst. Auch die ersten Denker und ehemaligen Philosophen, kamen aus verschiedenen Ländern nach Europa und einer davon bist du, mein lieber Vater.“

Der Vater: „Ich bin kein Denker und kein Erfinder, sondern ein Konsument.“

Der Sohn: „So lange du denkst, bist du ein Philosoph und wenn du beweist und analysierst, bist du ein Erfinder, weil die

Erfindungen, durch Ergebnisse des Denkens und der Fantasie entstanden sind."

Der Vater: „Jetzt hab ich angefangen, zu überlegen, mit welcher Strategie ich diese Sprache lernen soll."

Der Sohn: „Welche ist es?"

Der Vater: „Erstens, sammele ich tausend Wörter in einem kleinen Lexikon, die ich brauche, welches ich selbst erstelle, dann sammele ich 500 Satzwendungen aus diesen Wörtern. Auch sammele ich 250 Textwendungen."

Der Sohn: „Was passiert danach?"

Der Vater: „Zweitens, suche ich mir jemanden der mir zeigt, wie ich diese

Wörter in Sätze fügen kann und diese Sätze in Texte einfügen kann. Wie könnte ich diese verwenden, in dieser neuen Gesellschaft, welche ich mir zum Leben ausgesucht habe?"

Der Sohn: „Warum machst du dir so viel Mühe, mein lieber Papa? Suche dir einen passenden Lehrer, welcher dich mit seiner Strategie unterrichtet, damit du dein Ziel schneller erreicht. Er kann mit kurzen Geschichten zum Hören anfangen und dann die Sätze auswendig lernen und dann mit den Wörtern schreiben lassen. Und Fragen können natürlich hinzugefügt werden. So wie es in manchen Schulen bekannt ist. Entgegen deiner Strategie und deiner Entscheidung....."

Der Vater: „Es kann sein, dass es noch andere, bessere Strategien gibt, als die welche ich und du erwähnt haben. Hauptsache ich suche mir eine Schule aus, um diese Sprache zu lernen."

Szene 8

Der Sohn: „Du könntest bei dir zu Hause einen Wörtermarkt eröffnen. Ein Wort und ein weiteres Wort, bis du 100 Wörter auf 100 Seiten geschrieben hast. Dann versuchst du sie auswendig zu lernen, wie die Küchengeräte bei dir zu Hause!"

Der Vater: „Ich bin kein Papagei, dass ich so etwas mache!"

Der Sohn: „Du bist ein Mensch mit Verstand! Du musst auch ihre Bedeutung kennen, aber der Papagei lernt die Wörter auswendig, ohne sie zu verstehen! Dann versuche die 100 Sätze mit diesen Wörtern zusammen zu setzen."

Der Vater: „Kann der Schimpanse, so

was machen?“

Der Sohn: „Der Schimpanse, besitzt keine intelligente Sprache, aber er hat die Fähigkeit, etwas mit seinen Händen zusammmen zu setzen.“

Der Vater: „Das ist richtig, er hat eine eingeschränkte Fähigkeit, mit seinen Händen was zu machen und nicht etwas mit seinem Verstand zusammen zu setzen.“

Der Sohn: „Was meinst du damit?“

Der Vater: „Er kann manche Sachen mit seinen Händen zusammensetzen, aber keine Wörter in Sätze formulieren. Er kann auch keine abstrakten Rechnungen durchführen, wie der Mensch. Egal, wie lange er lebt.“

Der Sohn: „Du bist ein Mensch und besitzt eine Milliarde ein halb Mentalitätszellen. Aber von diesen benutzt du weniger als 5%. Du könntest sterben und immer noch ungenutzte neue Zellen haben, wie Einstein.“

Der Vater: „Albert Einsteins Zellen arbeiteten mehr als unsere. Deshalb entdeckte er die Relativitätstheorie.“

Der Sohn: „Das ist richtig! Aber die Wissenschaftler fanden nach seinem Tod, viele Gruppen von seinen Zellen lebendig und aktiv vor.“

Der Vater: „Einstein hat nur eine Sprache perfekt gesprochen!“

Der Sohn: „Aber er lernte die Englische Sprache, als er alt wurde.“

Der Vater: „Hat er die Sprache mit einer mathematischen Strategie gelernt?"

Der Sohn: „Er hat auf eine mathematische Strategie gelernt, weil er keine Sprachintelligenz besitzt!"

Der Vater: „Er ist ein Genie. Warum unterstellst du ihm dies?"

Der Sohn: „Ja, ist er auch, aber im Rahmen der Mathematik und nicht der Sprache!"

Der Vater: „Also Intelligenzsorten. Was für Intelligenzsorten hat er?"

Der Sohn: „Er besitzt eine Erfindungsintelligenz und das ist die höchste Sorte. Aber diese Sorte neigt zur Einsamkeit. Sie wollen immer einsam sein. Er braucht Sprache und

diese kann er nur lernen, wenn er in
Kontakt mit anderen ist, damit er sie
nicht vergisst. Deshalb ist die Sprache,
eine Integration in diese Gesellschaft."

Der Vater: „Aber ich will Integration
am Arbeitsplatz, damit beides im
Gleichgewicht ist. Warum unterrichten
die uns nicht, an dem Platz, an dem wir
arbeiten? Und warum könnte es nicht
einen Raum, in Art einer Schule an der
Arbeitsstelle geben, damit alle lernen
können?"

Der Sohn: „Dies ist eine Intelligente
Idee, mein lieber Papa, aber mancher
Wissenschaftler und Erzieher sagte,
dass die Gesellschaft eine große Schule
ist, aber es ist nötig, dass die Menschen
in einer kleinen Schule Sprachen
lernen.........."

Der Vater: „Auch auf dem Arbeitsplatz, könnte man eine kleine Schule schaffen, was denkst du?“

Der Sohn: „Das ist eine gute Idee! Jedoch bin ich keiner vom Schulamt, ich bin nur als Berater für dich da, damit du diese Sprache lernst.“

Der Vater: „Mit dieser Ausführung, wird die Gesellschaft ohne Schule sein!“

Der Sohn: „Was meinst du damit? Willst du wieder zurück zu deiner Philosophie, um nichts zu lernen?“

Der Vater: „Ich will das nicht, ich meinte mit meinem Gespräch, dass wir eine Chance für jeden ermöglichen, damit sie eine Sprache lernen können ohne, dass sie zu Protokoll und

Bürokratie kommen. Und am Ende wird
die Gesellschaft als komplette Schule
angesehen und ein Teil der Gesellschaft
nicht! Das ist es, was ich meinte ….…..."

Der Sohn: „Mit diesem Verständnis
wird die Gesellschaft keine Schule?!"

Der Vater: „Ja, mein lieber Sohn! Hast
du eine andere Idee, oder Empfehlung,
oder ein anderes Kommentar zu
unserem Gespräch?!"

Der Sohn: „Ich habe nichts außer die
Fragen!"

Der Vater: „Die Frage ist die Glocke des
Verständnisses!"

Der Sohn: „Wie könntest du fragen,
ohne die Sprache, denn diese ist der
Schlüssel zum Wissen und zu den

Erkenntnissen.“

Der Vater: „Wie kann es sein?“

Der Sohn: „Durch diese Kontakte, weil
es die Tür des Verständnisses ist.“

Der Vater: „Wie kann ich ohne Sprache
Kontakt aufnehmen?“

Der Sohn: „Wir diskutieren über das
Lernen der Sprache, durch Kontakte
und nicht durch das Lernen allein, oder
durch Kontakte ohne sie zu lernen.“

Der Vater: „Was meinst du damit, mein
Sohn?“

Der Sohn: „Ich kann nicht zuerst von
Kontakten lernen, besonders im
Rahmen der Sprachen. Ansonsten
würde ich in ein Labyrinth von Hühnern

und Eiern fallen."

Der Vater: „Das ist richtig, denn wir wissen nicht, was zuerst kam, die Hühner oder die Eier."

Der Sohn: „Dies ist auch eine Art Sprachen im Rahmen sozialer Kontakte zu lernen. Denn es gibt keine Bedeutung ohne Wort und kein Wort ohne Bedeutung. Du denkst mit Wort und Bild und das Wort und Bild haben eine Bedeutung und diese Bedeutung wird eine gerade Linie in der Existenz des Menschen. Und der Mensch existiert nicht ohne Gesellschaft. Und das versteht man nur durch Kontakte.................................... !"

Der Vater: „Also, bist du anwesend in deinem Vater, wie die Bedeutung und Sinn des Lautkomplexes. Du warst schon anwesend mit deiner Verständniskraft in meinem und in dem Körper deiner Mutter und du erscheinst jetzt nur in dieser Welt, durch Kontakt.“

Der Sohn: „Hahahah, dein Gespräch hat einen Hauch lustigem und philosophischem. Du bist auch anwesend in deinem Vater und deiner Mutter durch die Verständniskraft , ohne Lernen. Weil du alleine, einsam bist. Durch dieses Lernen und Kontakte, bist du da.“

Der Vater: „Du mein Sohn, bist ein größerer Philosoph geworden, als ich.“

Der Sohn: „In der Tat, wer die Sprache besitzt, besitzt auch die Macht. Und wenn man sie gut verwendet, kann sich die Gesellschaft in der Realität bewegen.“

Der Vater: „Also, ist die Sprache die Tat
und die Verwendung die Realität."

Der Sohn: „Und sie wird Wirklichkeit,
wenn du dich anmeldest in eine Klasse
die zu deinem Niveau passt. Aber, wenn
du gelernt hast und du die Gesellschaft
betrittst ….. wird es zur Realität."

Der Vater: „Welches Niveau meinst
du?"

Der Sohn: „Sprachniveau und nicht das
Kulturniveau."

Der Vater: „Aber wir könnten die
Sprache und die Kultur voneinander
trennen. Jede Gesellschaft hat ihre
Kultur, sowie jeder Mensch sein
Wesen."

Der Sohn: „Das ist richtig! Deshalb,

gibst du zu deiner Muttersprache eine
zusätzliche Sprache dazu, sowie du
deiner Kultur eine zusätzliche Kultur
gibst, damit dein geistiger Horizont sich
erweitert und deine Vielfalt viele
Richtungen in deinem Leben hat. Und
sie gibt dir viele Entscheidungen im
Rahmen Wissen und Erkenntnisse."

Der Vater: „Du hast es getroffen und
verbessert. Dein sozialer Umkreis des
Wissens wird aufgeschlossen für diese
Welt, damit du neue Bilder und
moderne Verständigung über die jetzige
Zivilisation nimmst. Wie moderne
Satelliten, nur das
du ein Mensch mit Gefühl und
Sentimentalität bist."

Der Sohn: „Aber am Anfang, kannst du
die Flohmarktsprache und die
Behördensprache lernen, damit du dich

nach und nach in der Gesellschaft integrierst."

Der Vater: „Meinst du die Verbraucher-oder Bürokratiesprache?"

Der Sohn: „Natürlich, weil sie dir hilft dein materialistisches und seelisches in klarer Form zu bewahren."

Der Vater: „Danach könnte ich die Arbeitssprache lernen, weil dies die Einzige richtige Verbindung ist, um Geld zu verdienen und Geld ist die Sprache, die jeder Mensch kennt und versteht."

Der Sohn: „ Natürlich, ansonsten wirst du unfähig, dich in einer Verbrauchsgesellschaft zu integrieren!

Der Vater: „Welches ist die beste und

schnellste Strategie in deinen Augen,
die Sprache zu lernen?"

Der Sohn: „Am Besten wäre für dich,
die Sprache in der Schule zu lernen und
dann auf Flohmärkte zu gehen und dann
kannst du dich auch mit den Behörden
in Kontakt setzen. Deine Hobbys kannst
du in einem Zentrum treiben und du
schaust Fernsehen und machst einen
Bummel in der Stadt. Auch machst du
dir Sprachfreunde in der gleichen Zeit,
dass du die Sprache schneller und in
kurzer Zeit lernst."

Der Vater: „Das ist richtig, weil die
Theorie nur praktisch bestimmt wird!"

Der Sohn: „Am Besten ist es, wenn die
Theorie mit dem praktischen
zusammenkommt. Und du erwartest
nichts, bis du lernst. Einer wie du, der in

einem engen Umstand lebt wie du, weil
du alt bist, wäscht sich erstens seine
Hände nicht und zweitens seine Wäsche
nicht unter dem Waschbecken, sondern
beides in einem Eimer!"

Der Vater: „Was meinst du damit?"

Der Sohn: „Ich meine, dass das
Waschen den Schmutz aus deinem
schmutzigen Hemd und den
schmutzigen Händen entfernt, weil das
Waschen wie kontaktieren ist. Denn
wenn du mit den Menschen sprichst,
könnte es sein, dass du mal gut und
falsch redest. Mancher versteht dich
und manche korrigieren deine Fehler!"

Der Vater: „Ich bin schüchtern und
alt....................!"

Der Sohn: „Der Schüchterne und der

Arrogante lernen nie, dann vergiss
nicht, dass du Ausländer bist. Du willst
dich mit der neuen Sprache der
Gesellschaft und nicht mit deiner
Muttersprache integrieren. Und warum
bist du schüchtern? Denn die Menschen
sehen nicht, wie du dich
fühlst............... du musst dir auch
bestätigen, ob du ein kultureller oder
normaler Mensch bist."

Der Vater: „Ich werde mich selbst
erfahren und nicht mit einer Vollmacht."

Der Sohn: „Das ist der wichtigste
Schritt, wenn du diese Sprache lernen
willst."

Der Vater: „Was meinst du damit?"

Der Sohn: „Der Wunsch der Anekdote
und die stärkste Herausforderung, sind

die Anlässe für die Verwirklichung der
Wünsche und das Ziel zu realisieren.“

Der Vater: „Du hast mich an eine
Strophe aus einem Gedicht erinnert, in
dem der Dichter sagt, „Liebe zum
Lernen“ und auch, „dass Wissen
fördern“: Wenn du tausend Wissen der
Erde ließt, ohne Begehren wirst du nie
einen Buchstaben lernen.“

Der Sohn: „Der Wunsch ist die einzige
Batterie , welche zum lernen aufgeladen
ist.“

Der Vater: „Kein Wert haben Wünsche,
ohne Ziel!“

Der Sohn: „Das ist richtig! Aber was ist
dein Wunsch und was ist dein Ziel?

Der Vater: „Mein Wunsch wird durch

gesetzliche und behördliche Ermutigung
gefördert, weil ich mich als Bürger
fühle, seitdem ich in diesem Land bin
und mein Ziel ist dauernd bei der Arbeit
und kulturellen Kommunikation, weil
ich Liebe in die Zivilisation und das
menschliche Aufbauen bringen will.“

Der Sohn: „Gut! Fortdauern bei der
Arbeit, ist wichtig, um Geld zu
verdienen und sein sicheres Leben zu
bewahren. Auch die Gesundheit ist zu
bewahren, es ist auch eine
Beschreibung um deine richtige und
lebendige Existenz zu wahren. Aber die
kulturelle Kommunikation kommt
durch die Kontaktstrategie und führt zu
Integration in der neuen Gesellschaft...
aber das kommt alles nur durch
Lernen.“

Der Vater: „Natürlich und das Lernen

kommt nur durch die Sprache.“

Der Sohn: „Die Sprache ist die
wichtigste Strophe, um die soziale
Struktur zu verstehen, ansonsten wirst
du außerhalb der Texte sein.

Der Vater: „Der Computer ist das
wichtigste Mittel und hilfreich zum
Lernen, besonders wenn du eine fremde
Sprache von all diesen Sprachen lernen
willst.“

Der Sohn: „Es könnte eine beweglich
Schule sein, aber ohne Lehrer, oder wir
könnten ihn auch elektronischen Lehrer
nennen, aber ohne Gefühl.

Der Vater: „Dieser hat sich in alle
Firmen, Geschäfte und Häuser
verbreitet, weil der Mensch auf viele
Sachen und auch Menschen verzichten

kann.“

Der Sohn: „Außer Lehrer. Der Lehrer könnte nur in einer ordentlichen Schule, die ein korrektes Programm und harmonisches System hat, mit lebendiger Realität, seinen Beruf ausüben.“

Der Vater: „Also, was soll ich dann in deinen Augen machen?“

Szene 9

Der Sohn: „Kannst du deine Existenz gesetzlich und gesellschaftlich bestimmen?“

Der Vater: „Ich bin wie eine Pflanze, die in einer warmen Umgebung gewachsen ist, dann ist sie unwillkürlich in eine kalte Umgebung umgezogen. Um zu überleben und Früchte zu tragen, braucht die Pflanze viel Zeit und eine passende Temperatur. Ich brauche einen künstlichen Garten wie den Palmengarten in Frankfurt.“

Der Sohn: „Du brauchst eine kleine Umgebung, um integrieren zu können, was du in einer großen Gesellschaft durch lernen nicht erreichst.“

Der Vater: „Zeig mir eine geeignete

Schule für mich und meines Gleichen,
wo schnell die Sprache gelernt wird um
Zeit zu sparen."

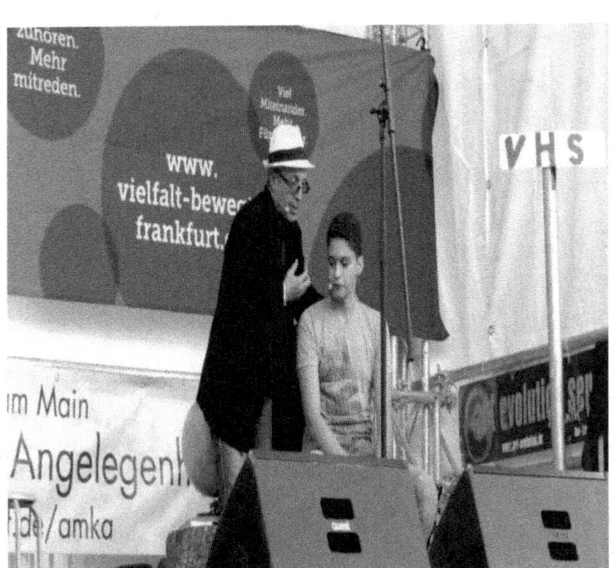
zuhören.
Mehr
mitreden.
Viel
Miteinander
Mehr
Für
www.
vielfalt-beweg
frankfurt.
VHS
m Main
Angelegenh
de/amka
evolution sev

Darwin / Maltus

Ibnou Khaldoun (in Tunisien geboren,
Marokko aufgewachsen)

Experten

Avicenna

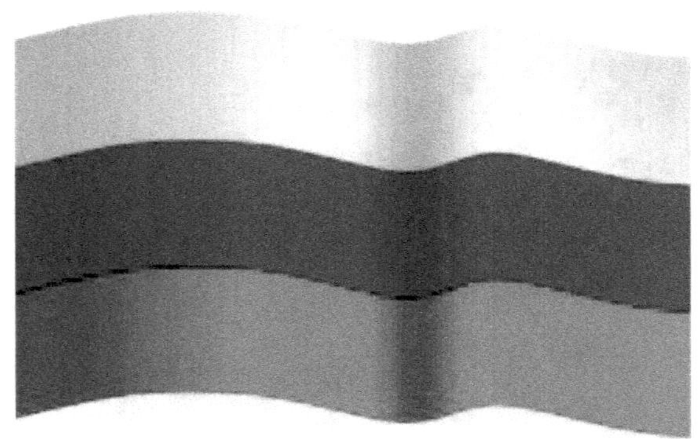

Iwan Pawlow

Albert Einstein

Herstellung und Verlag:
BoD - Books on Demand, Norderstedt
ISBN 978-3-7448-3066-9

9 783744 830669